东　西 / 主编

广西当代作家丛书（第五辑）

在晨光中打量

■ 黄土路 著

广西人民出版社

图书在版编目（CIP）数据

广西当代作家丛书．第五辑．在晨光中打量 / 东西主编；黄土路著．— 南宁：广西人民出版社，2023.6
ISBN 978-7-219-11562-6

Ⅰ．①广…　Ⅱ．①东…　②黄…　Ⅲ．①中国文学—当代文学—作品综合集—广西　②诗集—中国—当代　Ⅳ．①I218.67

中国国家版本馆 CIP 数据核字（2023）第 087556 号

GUANGXI DANGDAI ZUOJIA CONGSHU（DI-WU JI） ZAI CHENGUANG ZHONG DALIANG

广西当代作家丛书（第五辑） 在晨光中打量

东　西　主编

黄土路　著

出 版 人　韦鸿学
策　　划　罗敏超
统　　筹　覃萃萍
责任编辑　李恩彤
责任校对　梁小琪
封面设计　翁襄媛

出版发行　广西人民出版社
社　　址　广西南宁市桂春路 6 号
邮　　编　530021
印　　刷　广西民族印刷包装集团有限公司
开　　本　787mm × 1092mm　1 / 16
印　　张　16
字　　数　198 千字
版　　次　2023 年 6 月　第 1 版
印　　次　2023 年 6 月　第 1 次印刷
书　　号　ISBN 978-7-219-11562-6
定　　价　45.00 元

“广西当代作家丛书（第五辑）”
编委会

总 序

从2012年党的十八大召开到2022年党的二十大召开，这段历史，在党的二十大报告中，被称为“新时代十年的伟大变革”。这十年，以习近平同志为核心的党中央团结带领全党全国各族人民，迎来了中国共产党成立一百周年，中国特色社会主义进入新时代，完成脱贫攻坚、全面建成小康社会的历史任务，实现第一个百年奋斗目标。历史性的胜利，彪炳史册。

这十年，也是中国文学界牢记习近平总书记嘱托，坚持以人民为中心的创作导向，从“高原”持续向“高峰”攀登的十年，是“文学桂军”锐意进取，不断夯实基础、壮大实力、提升影响的十年。

2001年至2012年，广西作家协会在自治区党委宣传部的大力支持下，精心组织，陆续编辑出版了“广西当代作家丛书”一至四辑共80卷本，80位广西当代有成就、有影响的作家入选该丛书，成为中华人民共和国成立以来广西文学界规模最大的文化积累工程，此举备受国内文坛瞩目。可谓功在当代，利在千秋。

从2012年至今，刚好十年过去。“文学桂军”在小说、报告文学、诗歌、散文、儿童文学等体裁创作上，又涌现出一批具有全国影响力的代表性作家，少数民族作家队伍的创作实力在全国处于领先地位。国运昌盛，文运必兴。编辑出版“广西当代作家丛书（第五辑）”，推出新一代广西作家，成为文学界共同的期待。

十年来，得益于自治区党委、政府的关心支持，得益于自治区党委宣传部的正确领导和大力扶持，“文学桂军”呈现出良好生态和健康发展势头，一批作家频频在全国重要文学刊物亮相，一批有分量的作品在全国各知名出版社出版。陶丽群获第十一届全国少数民族文学创作骏马奖，红日、李约热、莫景春获第十二届全国少数民族文学创作骏马奖，朱山坡、李约热分别获第七、第八届鲁迅文学奖提名，东西的长篇小说进入第十届茅盾文学奖前20名。十年来，据不完全统计，广西作家出版长篇小说、中短篇小说、散文、诗歌、儿童文学、报告文学等专集选集共600多部。一批作品获广西文艺创作铜鼓奖，《人民文学》《小说选刊》《民族文学》等刊物年度优秀作品奖，以及《小说月报》百花奖、花城文学奖杰出作家奖、郁达夫小说奖、茅盾新人奖、《雨花》文学奖、华语青年作家奖、《钟山》文学奖、《儿童文学》金近奖、“小十月文学奖”佳作奖、华文青年诗歌奖、三毛散文奖、冰心散文奖等，入选各类文学排行榜。“文学桂军”已然成为家喻户晓、有全国影响力的响亮品牌。

为进一步繁荣广西文学事业，全面展示党的十八大以来广西文学创作的丰硕成果及新时代广西作家的精神风貌，广西作家协会决定组织出版“广西当代作家丛书（第五辑）”。

该丛书的入选作者须具备三个条件：一是作者须为广西作

家协会会员，中国作家协会会员优先；二是近年来创作成绩突出，曾经获得全国性文学奖或自治区级文学奖；三是个人创作成绩显著，作品在全国重要刊物发表。在广泛征求意见基础上，经各团体会员推荐、广西作家协会主席团会议酝酿讨论，实行无记名投票推选，共评出入选作家20名。田耳、田湘、王勇英等作家，由于作品版权原因，遗憾无法纳入本次选编。一批作家近十年创作成果丰硕，由于已经入选前四辑丛书，本次不再选入。

习近平总书记曾多次指出，文运同国运相牵，文脉同国脉相连。文化兴则国家兴，文化强则民族强。当代中国，江山壮丽，人民豪迈，前程远大。时代为我国文艺繁荣发展提供了前所未有的广阔舞台。“文章合为时而著，歌诗合为事而作。”衡量一个时代的文艺成就最终要看作品。推动文艺繁荣发展，最根本的是要创作生产出无愧于我们这个伟大民族、伟大时代的优秀作品。没有优秀作品，其他事情搞得再热闹、再花哨，那也只是表面文章，是不能真正深入人民精神世界的，是不能触及人的灵魂、引起人民思想共鸣的。习近平总书记关于文艺工作的重要论述，已经成为广大文艺家的自觉遵循，内化于心，外化于行。收入本辑丛书的作品，内容丰富、题材广泛、风格多样，在记录伟大时代、反映现实生活、讴歌人民创造等方面，用心、用情、用力，很好地体现了以人民为中心的创作导向，集中展示了祖国南疆新时代蓬勃多姿的文学景象。

习近平总书记在党的二十大报告中指出，推进文化自信自强，铸就社会主义文化新辉煌。全面建设社会主义现代化国家，必须坚持中国特色社会主义文化发展道路，增强文化自信。坚持以人民为中心的创作导向，推出更多增强人民精神力量的优秀作品，培育造就大批德艺双馨的文学艺术家和规模宏大的文化文艺人才队伍。这为新时代新征程的文化建设和文艺创作指出了正确方向，提供了根本遵循。

当前，全党全国各族人民正在深入学习宣传贯彻党的二十大精神，满怀信心向第二个百年奋斗目标迈进。编辑出版“广西当代作家丛书（第五辑）”，可谓正当其时，也是贯彻落实《中共中央关于繁荣发展社会主义文艺的意见》和《中共广西壮族自治区委员会关于繁荣发展社会主义文艺的实施意见》，用文学助力建设新时代中国特色社会主义壮美广西的最新成果。

伟大时代必将激励、孕育伟大的作家和作品。希望广西作家和文学工作者，坚持文化自信，做到文化自强，坚守艺术理想，追求德艺双馨，不断增强脚力、眼力、脑力、笔力，以刚健、厚重、先进、质朴的创造抵达伟大时代的艺术高度。诚如中国文学艺术界联合会主席、中国作家协会主席铁凝所寄语的那样：广西文脉深厚、绵长，新时代新征程上，相信广西作家能以耀眼的才华编织崭新“百鸟衣”，描绘气象万千的“美丽的南方”。这是时代赋予我们的责任，唯有俯下身子，深入到火热生活中去，深入到人民中去，不断学习，不断攀登，以作品立身，以美德铸魂，方能不负时代，不负人民。

是为序。

石才夫

2022年10月31日

CONTENTS 目 录

我梦见故乡有一道缝隙 ／

当我说疼，我找到了嘴巴 /

一朵朵白云跑过天空，一直跑到渤海边／

好想在人群里抱住一棵树／

虚无故事集 /

我梦见故乡
有一道缝隙

雪

你的亲人在天上住久了
会到地上陪你一会儿
他悄悄地来
洁白，轻盈，飘舞
像曾有过的灵魂
有时他来一会儿就走了
有时他会多待一会儿
就在路边的树叶上，麦地里
房屋上和街道两边
他以寒冷的方式存在
这就是生与死的距离
有时候你出门不轻意踩着了他
心不由暖了一下

祖父记事

种青菜
又一棵棵把它们从地里拔起
晒烟叶
摊开辣椒
屋顶黄一阵红一阵
拉开枪栓
一枪打在树枝上
另一枪打到天空
子弹追着敌人跑了六十多年
也没有落下

要是下一场雪就好了
他蹲在地头
捡起刚被挖出的红薯
几只鸟儿围着地那头的火觅食
生于1900年

一生没见过雪的祖父
去世时一阵来自北方的雪赶来
为他送行
家山白一阵绿一阵
连那棵树荫浓密的黄皮果树下
也埋了半尺厚的雪
三天后它们渐渐融化
连同祖父一起消失
三十年了也没再见回来

三月的祖父

我梦见他穿过村庄到有月光的井边去
旁边地里青菜长得真绿呀
枇杷也黄得可爱
黄皮果正开着淡淡的花
他吹起唢呐
让月光沿着起落的十指间流过
他的眼睛看着远处
仿佛那些树、水塘、小鸭子和鱼儿
从未离开我们的生活

窗　花

妈妈，要过年了我突然想起我学过的木工活
打过的几把小椅子，小时候接受过你目光的赞许
妈妈，那几把小椅子哪里去了
歪歪扭扭的笨拙的椅子和我的童年
都到哪里去了
有一天我竟然想着，要是自己不长大，你就不会离去了
妈妈，我跟在你身后去田里干活的那条路现在无法走了
一辆超重的推土机把它推得乱七八糟，谁也认不出它来
妈妈，他们在前山挖矿，在后山砍去了不少大树
现在留下了一堆生锈的机器
妈妈，只有我还在想着从前的小路，它连结着你
有它我才会找到你，现在我只能在文字里回忆
妈妈，我曾经以为写字和种地是一样的活儿
这是多么好笑啊，妈妈，写字没有泥巴溅到嘴里的那种咸味
而耕地却有
妈妈，写字难觅到真正的故乡

而我的身体却一点点被它掏空
妈妈，现在的日子好多了
我才觉得没有你的日子，怎么好都不是好
妈妈，这么多年了我突然想起跟你学过的剪纸
我剪不出童年，剪不出你生前的样子
那就剪老屋旁边的一棵野草吧，它开着细碎的不起眼的花儿
妈妈，要过年了
我把它贴在窗上
我把你一辈子都没戴过的花儿贴在窗上，给你

母　亲

我看见那年走失的阳光
照在一块斑驳的石头上
一群去上学的孩子，你是走在最后的一个
你在路边的石头上写自己的名字
那是最后的一次了
时间很快把它擦掉
就像水淹过石头，鸟儿飞过黄昏
你从此总是用按指印来代替
从此你在我心中只有一个名字
那就是——母亲
圆脸庞的，扎着两根小辫的母亲

多年以后我也七岁，走在和你同样的路上
我看见走在前面的你
仍扎着两根辫子
像邻家没长大的女孩

每天，你打猪草，背着年幼的弟弟，煮饭
牵牛，担柴
总有一根柴火刮烂你的蓝靛衫
在挑水的路上，水桶总会晃一下你
这是你不安的童年
你坐在一块石头上歇息
上学的同伴都走远了
你孤零零地被抛弃
你也许也有梦想
你的梦想是什么呢
你的梦想会是未来的我吗
你的梦想不会与城里的高楼有关
不会与奢侈的文字有关
你的梦想像石头间一棵草的梦想
十多年以后
我们撞进了你的梦里
我，两个弟弟，一个妹妹
我们就像你身上长出的果实
在你身上汲尽了营养
你的梦想沉重得像墙角的老磨
它再也转不动了
就像明亮的眼睛
最终都会黯淡
我的留着两根短辫子的母亲
你弯曲着腰杆，双手有力地扶着犁

牛走前，你走在犁开的泥土上
你一辈子就这样被牵着
泥土是悲凉的
你不知道泥土有一天会吞没你
用它的悲凉，和它的沉重与博大

我是从一节被削去皮的拇指开始
感受到疼痛的
柴刀被丢在一边
童年的那把竹枪永远不会成形了
我的目光因此长熟
你变得沧桑，却不及苍老
阳光就照着那个下午的家门
你怀抱着妹妹坐在椅子上
身体向前倾倒
多年以后妹妹从你怀里走出，学会走路和说话
独自去上学，远走他乡
一个婴儿来不及认识母亲
就独自长大了
从此你们不再相识
她不认识你，她认不出你的容颜
尽管她努力地在两个小姨的脸上去寻找
你也不认识她，那个已经长大
独自在另一片天空下生活的姑娘
是你的女儿吗

她不知道，你的生命就停留在拥抱着她的那个时刻
你永远地保留着对她拥抱的姿势

你领着我走过的田埂依然芳草萋萋
依然弯弯曲曲
玉米地里的那场大火早已经熄灭了
但依然在我心里蔓延
母亲
很多年以后我仍和你一起努力扑灭这场大火
它烧过玉米地
向着旁边的杉木林蔓延
我们挥舞着树枝，像我小学课本里的勇士
而怀孕的母亲
妹妹永远也不知道
其实她也经历了这场大火
这场从玉米地里蔓延起来的大火
使你第一次感觉到呼吸急促
隔壁那位长脚的赤脚医生
他拉着你的手，给你把脉
你的心脏病就是这样得来的
而风湿呢
多年以后我也躺在乡村中学的床上
经受着它的折磨
一阵一阵的疼痛跑过我的身体
往我的心脏冲锋

我突然明白了我的母亲
和我一样疼痛的母亲
我甚至感谢那间潮湿的乡村中学的泥屋
感谢风湿
让我感受到母亲同样的疼痛
让我以此更能感受和想念着我的母亲

那一年你三十八岁
而此后你永远三十八岁了
而我今年已经三十九岁
我们回到过去的村庄
晒太阳的老人还在
奔跑的孩子也都长大了
原来年轻的人
现在一个个比你苍老
父亲也更苍老了，脸上沟壑纵横
而你却永远年轻
你比我小一岁
比大弟长两岁，比小弟长七岁
比妹妹长十三岁
只有我知道
我们的妹妹长得越来越像你了
我们在她身上
看到你过去的影子
我突然意识到我们正列队一个个穿过你的年纪

到前面去等你
也许有一天我们会七十岁，八十岁，甚至九十岁
但你只会永远三十八岁
永远守在路边的那棵无名的树下
雾起时你在雾里等我们
下雨时你在雨水里等我们
阳光普照着土地
你在阳光里等我们
等我们白发苍苍了
你的坟茔依然绿草如茵

再致母亲

我十五岁那年母亲就走了
她拨开青草
穿过村前翠绿的玉米地
到村前那座馒头山上
掘开泥土
种一棵树
然后在那棵树阴影里结庐住下
与雨水、清风
还有在草丛里跳跃的小虫儿
做了亲戚和邻居

母亲从此就不再爱我了
她让一个个陌生的女孩来爱我
让她们成为我的朋友、恋人、亲人
她们当中剪了短发的那位
像我十八岁时的母亲

留了长发的是刚出嫁时的母亲
眼睛小的那位是一个
鼻子圆的是另一个
不忍心让我过得太好
还派来一位穿着花格子的
与我吵架，撕扯
母亲，二十六岁的那个最让我心疼
而三十五岁的那个
是我最爱的
我今年四十三岁了，开始学画
我试图在心里勾勒出一个不爱我的母亲的样子
头发来自一个女孩
鼻子和眼睛来自另一个
耳朵和嘴巴也来自不同的
只有那带着笑的眼睛一直是你的
它一会儿是青草的颜色
一会儿是桃花的颜色
这么多年来一直为我闪烁

山 谷

很庆幸您还有这么好的青草，父亲
还有这么漂亮的树
这么大的风，吹着树叶
像吹着一群蝴蝶和飞鸟
而烟囱和斧头，还来不及赶来

我梦见故乡有一道缝隙

从湖边那个长着荒草的渡口开始
沿着小路一直穿过村庄
到屋后那棵枇杷树左拐
直到村旁的那个水池

仿佛从前的一切都从这道细细的缝隙溜走了
每次回家我总是要跳一跳
跨过它，我才能回到从前的老屋

故　事

我们村庄里的一个年轻人
他在天还没亮的时候就起身
等太阳从加令山后闪出来
他披着满身的云彩站在那块山崖上
像一只老虎披着满身的阳光

三天后我放学
沿着山崖下那条小路回家
村里的另一个人指着不断摇晃的树枝问
可否感到一股风，正拂过树林

我确定我们村庄的那个年轻人
他被一只鸟或者一朵云带走了
只余下悬崖下的那一丛草
一年一年
总要长得比其他地方的
要茂盛许多

谁又把故乡从地里挖出来
——致黎伯

又一次回到故乡，清晨
空气清新
云雾沿着山脊飘走
而亮晶晶的水滴
附在眼前嫩绿的瓜丝上
正要滴落

我以为我再也回不到童年
却看见他们搭起布篷
把你从地里挖出来
先是颅骨
然后是颈椎骨，胸骨，肱骨，尺骨
直至趾骨
它们纹丝不动

被一一扶起，靠在墙上
我突然在你那空空的眼窝里
看到熟悉的目光
它正洞穿我
望着身后不远处的那片杉木林
又好像望到了
更远的地方

阳 光

太阳照在老家的赐福村也照在北京城
白领手遮凉棚去酒店吃饭
父亲戴着草帽去地里干活

哦，阳光一路追着闪光的小汽车
阳光也照在一万片树叶上

太阳照在四方岭也照着菜市口
我背着包在人群中走失
父亲走在回家的路上

哦，地铁口涌动着许多的灵魂
山坡上安息着我的祖先

奔 跑

在野地里跑好像是
跑给月亮看似的

往天空不停地跑
一个小时后我刚好跑到
月亮的家里

继续跑上五天
我会跑到老家的村口
跑回到童年

一直不停地奔跑呢
妈妈便会张开怀抱
拥抱回家的孩子

清　明

这个月份我必须忍着疼痛
去见山里的亲人
树又长高了
蝉鸣稠密
风吹着青草的声音
仿佛许多灵魂在山里走动
雨穿过树叶
打在一朵朵白花上
每一朵都屏住呼吸
山里的鸟鸣
听久才听得出是两个人在说话
我盘着腿在枫树下坐下
还会有雨下到林间空地
还会有些雨滴到身上
砸在心里
雨中的山啊

空了，远了
我必须忍着疼痛
陪着山里的亲人

也许只有雨才知道答案

我的曾祖父，他变成了一块岩石
曾祖母则变成另一块，与他相望
透过树隙看着天空
我想念祖父
他变成一棵榕树，越长越大，越来越浓密
祖母呢？我对她印象模糊
或许她变成了飞鸟，一年又一年
向着一棵榕树飞？
每年清明节
我站在村前那个土坡前
培植着母亲坟前的土
一只跳出来的小虫，一只小蜥蜴
都让我着迷
有时候我呆呆地看着
一年年变大的坟
想着母亲是否还在里面

为什么旁边的木棉树
开得最灿烂
谁又从最高的空中
注视着我们
我的亲人们
他们离去后留下的空白
由什么填补?
一片树叶?
一声鸟鸣?
一朵朵姹紫嫣红的野花?

村庄全家福

我给一朵野花拍过照片
一根竹枝，一棵树的倒影
我都拍过
还有一只踮着脚尖的小鸡
尽管后来它长大了，被人宰了吃掉
又变成泥土
还有一群孩子
后来都长大了，分散四处
一只被人疼爱，后来又失踪的狗
一只跳上窗台遥望星空的猫
坍塌的土屋的墙
都曾在我的相片中定格
我还拍过经过村庄的乌云、雨
和闪电过后黑暗的天空
每一次按下快门
我都给村庄这张全家福

添加一点光线，留下一抹回忆
甚至照片中空白的地方
也是全家福中被人们
渐渐遗忘的部分

望　峒

山太高，我像一粒种子掉落到
这个山谷
但我却不会发芽
我像风中掉出的一声鸟鸣
只是徒增了这里的幽静

五六只羊咩咩地叫着
一群活蹦乱跳的鸡钻进草丛
一下就没了踪影
一只叫得很凶的小狗，一下冲到眼前
它的身后跟着两间泥瓦屋和一个老太太
它们构成了一个时间夹缝里的小村庄：望峒

在我居住的城市永远也望不到的村庄
被一幢幢高楼挤在世外的村庄
我灵魂的隐痛好像来自骨骼的挤伤

那老太太多少岁了？她的白发，她的抻不直的腰
她的旧鞋子，她骨头里的寒冷
好像已有一千多年
残剩的下午的阳光照着她背后的墙
照着稍远的树，更高的天空

山里放羊的女人

仍是我熟悉的山弄
绿色随青草和野菜在石头间蔓延
木栅栏围起了玉米，仿佛怕玉米深夜跑出山去
老屋子一个个被推平
种上芋头
只剩下几幢水泥砖房，却也是空的
我外公外婆的屋子也种上芋头
此间一个中年妇女
在放羊
几十只羊在村庄跳跃，吃草
代替了多年前在村庄里奔跑的小孩
她是快乐的，因为心宽而体胖
壮话恍如我母亲的口音
她是在这山弄里生活的最后一个人
女儿在县城的中学读高二
我怯于再跟她说话

怕认出她们，我小时候在外婆家的玩伴：
一个小女孩，一只小狗或者
一只小绵羊

苏家村

有些名字会被人们渐渐遗忘
比如熊村
比如刘家坳
比如金刚木

在苏家村
许多人移民进城
水井并没有跟他们进城
木头柱子和瓦房并没有跟他们进城
月亮也没有跟他们进城
他们走了
青草就住进来了
蜘蛛带着它们的网住进来了
老鼠和蛇住进来了
苏家村中的家字
被咬嚼得只剩下几根木椽

我打开苏家村一家的木门
屋里的荒草一阵慌乱
又安定了下来
我走之后
苏家村这个名字
也将被人们渐渐遗忘

玫瑰没有理由不疯长

租下这片土地的人
沿河种下玫瑰
就消失了，他带走临近的几个村庄
和几棵木棉
稻田和甘蔗地从此荒废了
只有玫瑰
还在疯长

我每天路过
被玫瑰刺疼的空气总是龇着牙
租下土地的人
他走了一年，两年，三年
每到春天
他总是变成风
在这片土地上吹上一阵
变成雨

在这片土地上下过一遍，两遍
而玫瑰
它没有理由不疯长

想要活成一张白纸的样子

灵　魂

这些年，你跟着我去了好多地方
在海边，你一个猛子扎进水里
然后从椰子树后面探出头来
在长白山上天池边
冰雹袭击我们
短促，疼痛，令人欢乐
而在三清山，我们走在云里雾里
暂时忘记了自己的来世
在昆仑山下
雪水突然融化
淹没眼前的道路
直到在小柴旦湖边的草丛里
我们才在一个人的诗里
安静了下来
不久我们又走在无边的雪地里
咯吱咯吱地踩出两行足迹

风把我们的脸吹得
疼痛，又一年
在古罗马遗迹
那是仅有的一次
我们看到了更多的灵魂
涌动，舞蹈，层层叠叠
纵然有一天我们走遍全世界
遇到更多的灵魂
我还是不敢去太高太圣洁的地方
比如西藏，比如珠穆朗玛峰
那里的灵魂
接近天堂

我们偶尔驻足
在毛洲岛的竹林里
听风吹茅草的声音
听雨滴落在小溪里的声音
人间道路如此不平
灵魂的世界也是如此
有时候在人群里猛然回头
我害怕你从此逃走
留下我
独自一个人

虚　真

——为我新创造的词语写一首诗

卡夫卡从梦中醒来
发现自己变成了甲虫
从那以后许许多多的人都跟着变成了甲虫

我躺在那里，四肢无力，不能动弹
我总是在想世界末日要来了吗？

庞白不是这样想的
庞白从床上醒来
抻了抻腰
闭着眼睛去卫生间洗漱，把冷水拍到脸上

隔壁那人总是拦住我：
你知不知道四楼的那个姓雷的
去了哪里

有一天我在楼梯上看到一场大雾把他吃掉了
先是头发，脸
最后连个影子都没有了

在凹地，或者致庞白

我们说着话
大海在不远处
泛着铁锈色的浪
总有一个人先睡过去
像一条咸鱼
晾在窗台的一片月光下

插话的人会自顾自地说下去
他有张洁净的脸
眼角鱼尾纹
主题直奔粗俗，桂西北口音
我们都喜欢他
我们叫他韦佐
或者沙虫

记忆变成一间屋子

有着很脏的玻璃
屋内轻烟弥漫
沙滩上也薄雾迷蒙
我听见敲打键盘的声音
这些年，我收藏了其中的一个烟壳
而你收藏了一点潮汐
在自己的声音里

后来最早离开的那个人去了北京
他结巴，说话竟尝试着卷舌
写小说讽刺现实
我则找了辆卡车
搬走年轻时的所有积蓄
并一点点退出那个城市
第三个人去外省建了个工厂
却整天在诗歌里打铁
把酒吐在春天的路上

“海是最低的了”
你叫它凹地
海浪和潮汐却高出许多
你抽烟的脸变蓝
手却常常被夕阳照红

只有他，天津人尚明

不甘于海的低
总往高处建着楼房
阿弥陀佛
那高出许多的楼房戳在那里
像几根木桩

送行诗

那条路上光影斑驳
有只鸟儿一直在鸣叫
此时却很寂静
他们在送行
送走一个说话雷声般响亮的人
然后月光悄悄带走当中最安静的一位
而最后的那一位呢？
他踽踽独行
直到自己消失在黎明的薄雾里

一个影子

我在梦中写诗
有一个人打着手势
打断了我

我在梦里奔跑
有一个人紧跟着我

我慢下来
他就跑到前面去了

虚度光阴的小屋

一些人进来
一些人选择离开

阳光穿过门廊，穿过
树荫
沿着那堵斑驳的墙爬上
一米的高度

一些人进来
一些人选择离开

风吹到树梢就消失了
月光照在露台
显得苍老
爬墙虎悄悄向下
变得更绿

十五平米的小屋囚禁着
你俗世中的忙碌
而你在另一个房间
正在沏茶

一些人进来
一些人选择离开
这时光的屋子
它从来不会反锁
那道虚无的门

5月28日晚与楚人散步

多么平静和安然
人们正在打牌
甚至连灯光也不需要
所以路灯都熄灭了
我们低头穿过
低矮的树丛
并不时抬头寻找
贴在墙上的信息
一路看见：
两家扎着花圈的店铺
几家棋牌室
更多的是洗头店
还有一些杂货店
它们大都关门了
像是睡着的人
发出梦呓

拐到水塔路
楚人指着远处的一座小山
说，那就是水塔山
我细看确实有点像
一个水塔
眼前铁路小区的红砖房
墙角还长着青草
我们一路走
一路聊着家常
道路荒凉而神秘
机务段[①]
配件厂
它们的围墙在黑夜里延伸
无名的树影挤满了工厂
偶尔几辆飞驰而过的摩托车
和一辆小车
把路和树，以及围墙照亮
然后恢复黑暗和寂静
我们看见两只萤火虫
在黑暗里闪烁，消失
又闪烁，轻盈跳荡
真美，我感觉有什么东西在心里
轻轻地划了一下

① 机务段：管理机车运用和进行检修、整备作业的基地。

哦，我们走进了火柴厂的大门
荒芜的草
没有人的球场
好高好大的树啊
它们如此孤独
仿佛火柴再也擦不出
火光
在火柴厂
我感觉我们确实走得很远了
远到不能轻易就能
走回去
但走到圣隆路
我才发现我们绕一大圈
又回到原地

你有没有发现你是另一个人

你有没有发现有时候你是另一个人
当你躺下
以一个人的身体
你起床时又变成另外的一个人

这是个不为人知的秘密
当你坚强，你也软弱
当你开怀大笑
却时常呛出最悲伤的泪水
当你从A地离开
却是从B地回来
当你是爱，神仙和花朵
你同时也是魔鬼，罂粟，狰狞的刺

当你出生
神在你身上种下基因
恨，同时也爱

月亮是亮的

有时候
你会在一个人的眼睛里
看见月亮
有时候你会在高高的山上
看见一只注视的眼睛
有时候
它是亮的
它也是

与一只白鹭告别

清亮的稻田突然闪过
一道神光，白色，细看是一只白鹭
正降临人间
快点把它拍下来，可以吗
你说。它竟然收拢翅膀站立于一根枯枝上
田野突然向后奔跑仿佛把我带回
一个白衣胜雪的年代
英雄后退一步单脚独立
身体和气势都往上提
这一招叫白鹤亮翅
白鹤与白鹭也就
一字之别

在绿色的田野上
它的白显得更白了

它的白
在这秋风渐凉的尘世
显得有些忧伤

提醒自己向一棵树学习

这棵树不适合这片树林
不适合勾肩搭背
窃窃私语
在高处
他有着风的声音
在更高处
他有着白云的梦想

一棵树怎能如此
不满足于左右摇摆
而是在风中积攒着自己的力量
一棵灌木林中的枫树
挺拔，高尚
在一个季节谦虚地淋雨
观望闪电
在另一个季节却灿烂得像一面旗帜

十二月的时候我行走于丽江，桂林
在唐家岭
一棵树让我惊呆了
即使掉光所有的树叶
也愿意浸在原野巨大的落寞中
只有鸟儿的跳跃
给予他生命的气息

一棵树不耽于绿
也不执着于红
一棵树在于他是一棵独立清醒的树

难过的诗篇

柳枝知道我的心情，她一直往下，可是风却一直往上吹
我沿着铁路行走，火车开往另一个方向
好大的雨啊，雨在下，泪水沿屋檐滴个不停
诗歌变成一个个的断句，歌曲只剩下一个音符
电影停在开场那个长镜头：
两只手扶在她的肩上，仿佛不让她站起来离开
此是一年，彼是另一年，彼此间各不相同，都是内心的坎坷
筑一个长堤，不为相送，也不为哪年的伤离别
修一条路，通不向要去的任何地方
开一朵朵花，看着它们在风中一朵朵死去，有的死成一枚枚的青果
把它们都埋在夏天的风里吧，埋在秋天的香里，埋在冬天的冷里
埋在来年的另一朵花里，埋在可知与不可知
埋在一天减去一天的日子

敌　人

有根刺卡在喉咙里
咽不下去
也取不出来
有一天你发现
它成了你身体的
一部分

等风来

我的身体里有一对
隐形的翅膀
有时候它变成一双脚
在大地上行走
被荒草和荆棘划伤
当我攀爬
有一股力量引领着我向上
像阳光

我站在高处
即使风来，也不能飞

墓志铭

来的时候没带来什么
走的时候也就像一阵风消失

爱过，也许到后来
就什么都不爱了

片 尾

有时候是两个人骑着同一匹马
跑向天边

有时候是两个人骑着两匹马
一匹向东，一匹向西，相约有时

有时候车门打开
两个身影奔跑着，扑到一起

有时候脚步
会迟缓些，甚至有些沧桑

有时候是一群鸟在飞
有时候是一只，穿过云层

有时候是嘻嘻哈哈的笑声

有时候是一只，流泪的眼睛

有时候是孤寂的坟
有时候是黑黑的屏幕

有时候，天空显得更暗淡了
有时候，则透着一点光亮

一个跟风的人

因为许多人赞美
我才会赞美
因为许多人哀悼
我才会哀悼
因为许多人哭泣
我才会擦掉泪水

我是一个跟风的人
跟着风在这个世界上
爱，或者恨

当我老了

当我老了
我就会死去

当我死去
请把我埋在离祖屋不远的树下

如果祖屋还没被拆迁
拿去建工业园或者，游乐场
请给我立一块石碑

如果可以，石碑上就刻几个字吧：
请保持安静

我未来的生活
——致廖克文兄

学一棵植物，在山谷散发着芳香

随白云漫游，晚上下成一阵雨回家

在秋天，像一颗葡萄深爱另一颗葡萄

牵一只狗行走，突然间想不起自己要去哪里

喝米酒，有可能，在酒里建立一个
虚无的帝国

宿醉醒来，听溪水流淌，百花盛开

终于明白人生是在一个梦里，醒来是另一个梦

爱，深深爱。

落下来

克制着愤怒
瞄准那个卷发的男人

从高的地方，从云层里
从一棵高高的树上

如果碰到树叶，弹跳一会儿
发出好听的声音

如果中途想改变主意
变成云或者风

以这样的方式
树叶的轻盈
雨滴的欢乐
苹果的愤怒

假设灵魂是疼痛的

按　钮

相关的一切都隐藏起来了
只留下一个按钮

有时候它被清楚地标识
让你更好地发现
有时候这个按钮
也被隐藏

有时候它在
门的背后
有时候它就是
院子里一棵树的树眼

这个，你按了
就会流出咖啡
这个，你按了

就会哇哇地吐水
红色那个，你按下
会发生爆炸，腾起蘑菇云
而墙上那个斑点
能带你去想去的地方
我犹豫着，始终没有按下

远方太远，墙上的斑点
却在我触手能及的地方
这奇妙的下午
我看着阳光把它照亮
又慢慢变得暗淡

有的按钮你永远
不会按下

想到的事情

想到小溪流淌
是流向将来的
想到白云飘着
是飘向明天的
想到你离开
是为了回来的
想到我们还会坐在一起
喝茶是一个理由
说话是一个理由
沉默也是一个理由
茶叶在透明的杯子里沉浮
也是一个理由

风 筝

我所有的愿望似乎都能实现了：
牵着一只鸟飞
顺着风
去到很远的地方

让大海歇一会儿

我在海边饮酒
如果礁石的沉默累了
就让它歇一会儿
如果海的奔跑累了
就让它歇一会儿
如果大海的蓝累了
就让它歇一会儿
如果泡沫和盐都累了
就让它们歇一会儿吧
我在海边饮酒

我们，或者词语的世界

有时候，我们用不可知，不可能
把被毁坏的一切重建
比如一个有光的屋子，你听到光的瀑布
它像一种美学
两只飞进飞出的燕子
把爱筑在屋檐
孩子们会长大，然后练习飞
话语还营造了偶尔的阳光
更多的时候是阴雨绵绵
我们用阴雨营造离别
风总是从我吹向你
从你吹向更远的地方
我们还营造相聚
像一朵云撞向另一朵云
它们下成一场大雨
哗哗流淌，挂在前川

而你在温暖中推开窗，遥望瀑布
用一连串的动词，梳妆，打扮，感叹天气
目光随着青山流转
远远地注视着山前
语言像一棵树开始长高
偶尔也枯萎
我试图看得更远
爬上高处，变成青藤
由此装饰了你
一棵树一样的人生

致森子

上山的路突然变窄

你向前奔跑，跃起
抓住云端
你在云端上翻腾，引体向上

低处的海水正在后退
人类的精神领域，突然变得空阔

树梢的风，海岛和船
沿着飞鸟的方向
驶向落日

白 纸

活着，活了很久
才明白自己想要活成
一片白纸的样子
所有的经历都隐藏了
痛苦的和悲伤的
快乐的和美好的
都融在白茫茫里
仿佛一场雪
下着，下着
融化，消失
成为虚无

简　单

一片叶子上也有夕阳
一条小路，也有远方
有时候我想把自己缩成一个点
把宇宙，紧紧地
抱在怀里

坐在我对面的那个人

坐在我对面的那个人
低头喝酒
用两根手指拈起花生
丢到嘴里
边嚼边想着遥远的事情：
台风，月亮，昨日纽约的股市
偶尔抬起头
递来悲凉的目光
交织着爱

感谢镜子
总是把遥远某处的一个人
带到我的面前
隔着镜子
我们对饮
不醉不归

信　笺

生活在纸上
他是白色的
日子久了
就变成淡黄

有那么多不能说出的话
构成了他沉默的一生

而被写下的阴影
或者灰尘
正一点点落在
纸上

出 走

我身体内的一个人开始走出来了
通过移步
这个无形的人
几乎与我同高，一样胖瘦
他闷闷不乐
像一个在屋里待久的人
他移出我的身体
独自地在世上走着

我对面的那张桌子
也凭空消失
桌上的花和绿萝却还在
像一种象征
在很多年后
我知道还有一张无形的椅子
在那张虚无的桌子旁边

上面端坐着一个人
是我，或者从我体内出走的人

我并未因此变得快乐
或者忧伤
如果除去时间
我们同时存在
我，从我体内出走的人
一把椅子，和一张已消失的桌子

阳 光

阳光透过窗帘的缝隙
照进屋子里来
黑暗的屋子里突然有了一把
光的剑
它慢慢地指向躺在床上的我

多么耀眼
又多么柔软和深情
我看见那执剑的人挑开窗帘
正一点点地步入黑暗

我起身拉开窗帘
那把虚无的剑变成一道光芒
它紧紧地附在洁白的墙上
它背面对着我
紧紧地抓住墙壁

好像害怕自己会掉到地上

整整一个下午
我注视着这道光
它慢慢地变换形状
移动身子
甚至与墙壁融为一体
但我知道它依然是一把剑
执在一位剑客的手里
直到黄昏
他突然收剑
转向跳出窗外
黑暗已在他身后合拢

我打开窗户
夕阳正隐身楼群
在遥远的天空下
有一盏灯已被点亮

雨 滴

从不说自己的来处
雨滴
用寂静的夜里的一点重量
敲打在老年的铁皮上
也敲打着树叶和别处

我时常被雨声惊醒
在漆黑的夜里
雨滴是明亮的
它来自高天外
一颗多水的星球?

窗户微明
我走到室外
满眼的青草和树叶上
挂着晶亮的水珠

像是河流离开河岸
挂在了那里
像是祝福

此时曾干涸的灵魂
好像有什么在萌动
好像有什么在生长

停电的夜晚

打开衣柜
能从质地找到换洗的衣服
知道洗发液和沐浴露的位置
哦，流水也能在黑暗中找到我疲惫的身体
在一闪念间，我看见自己
犹如摸黑打开的书本
闪电照亮其中的一行字
又迅疾地消失

有洞的人

自从那次在雨中
突然感到彻骨的寒冷
我才发现自己的身上
有着许许多多的小洞
正被现实的空气侵入
哦，身体这个房屋
幸亏有许多回廊
才能不让你一下抵达
最深处的房间
那里供奉着
一粒火种
它不会熄灭

时常静坐
听水滴穿过黑暗摔打在石板上
我每天会打扫那空空的回廊

但更多的灰尘在淤积
透过飘雪的天窗
我看见有人痛得弯下了腰
匍匐在雪里
我感觉火焰一点点地冒出
我身体上的小洞
发出灵魂的微光
它就要熄灭
心脏附近的一点点明亮
也逐渐消失

有记忆的世界

那坍塌的小城里
为什么还有人声？
是记忆。石头说。
被蛛网封住的天空
隐约传来的钟声
被钟声触碰过的事物
正一一醒来

一本尘封之书
每个字都深陷在纸页里
我听到文字后面的呼吸
像一阵雨
为什么那些颓败的墙里
有一朵玫瑰在开，它的红色
在黑色中洇开，四处弥漫

呓语诗

如果每个词语都能喃喃说话多好
如同森林里的树，它们在相互寻找
在晨光中打量着
彼此模糊的脸
像两个灵魂
闻到对方新鲜的香气
又好像一个人在暗下去的光线里
找到他自己
然后说话，争吵，像蜡烛在镜子里
默默燃烧
变成泪，变成灰烬

最危险的地方

在我的居室里，最危险的地方是书房
太多的灵魂，以一本本书的形式端坐
它们拥挤，却有着各自广阔的空间
甚至不用阳光，不用灯光
它们各自发光，在我不注意的时候
我走过它们面前，它们板起面孔
憋住无人时的低语
而我在一张书桌前坐下
在一页白纸前沉沉睡去
总隐约听见黑铁架子和实木面板
传出断裂的声音，发出
兵器轻微撞击的声音
仿佛世界末日里
一座座冰山的崩塌
在最后的时间里
我仔细倾听，还有一种流水的声音

慢慢浸过我的地板
向着远处的天空
流淌

表演课

要学会放松
当脸紧张时
放松脸
想象它是一张睡着的
猫脸

手臂紧张时
放下你一直提着的
无形之物
把它们像一节木棍那样
放在桌上

哦，那绷紧的脊柱
那抽搐的小腿
全都松开吧
拧紧它们的螺丝已拧开

让它们散开
在阳光下的沙滩上
让怦怦的心跳在海浪声中
平息

阿门
就像把自己的死
呈现在上帝的面前

当我说疼，我找到了嘴巴

被虫蛀的秋天

满树腐烂的果子，满树的
疼痛，一直忍着

风摘掉腐烂的一颗
又摘掉腐烂的另一颗

是腐烂让果子掉下来
不是风

一个人

一个人弯腰
他不知道自己弯下了腰

一个人蹲下
他不知道自己蹲下了

一个人站着
他知道自己站着

凌晨一点的鸡

它们躲在黑暗里
为光的到来感到不安
哦，还不到时候
还不到时候
到时候它们会拍打着翅膀
拼命地尖叫起来

石 头

我只会说嗯
我只会说这里
我只会说热
或者好冷

当我说疼
我找到了嘴巴

当我沉默
我找到了自己

2020年1月2日的阳光

拉开窗帘
一定会被这一日明亮的阳光
吓一大跳

被梦魇拖住的身体
终于浮上来了
在深处呐喊的各种声音中
一定有灵魂的

为什么不是在平地的旅行
而是不断地攀登
翻越一座座的山
为什么晨光中的云雾
遮住的是低处的黑暗
它被驱赶，又一点点围拢
能把它照亮的

一定是内心的光

一艘光的巨轮
一个波澜壮阔的年份

面具时代

在白天人们戴上：
微笑，还有沉默

在夜晚人们脱下
他们需要睡眠，一张像死亡般平静的脸

我醒着，感到悲伤
像一粒粒嫩芽，没有戴着面具生长

梦

我梦见那个长得像鹰的孩子
我一梦见他
他就飞走了

做梦的人

我第一次看见在车上做梦的人
她裸露的腿抽搐
双手交叠压在腹部
胸部挺起又落下
像要从身体里放出什么
哦，她的脸朝向窗外
麦地在欢快飞奔
小白杨也站立不稳
灰蒙蒙的空气中阳光正飘散
而她却什么都没有看见

2015年夏，有关马航MH370的一点消息

因为变成了昆虫，它还在飞
因为变成一只带着利喙的鹰
它俯冲，不是为了捕捉
它变成鱼，变成风筝
线却牵在上帝的手里
现在它被风吹到一个海岛
变成海鸥，栖在一块岩石上
甚至变成一株骆驼刺，种在沙漠里
它飞，利用语言和想象
飞成疼痛
利用时间和静止
飞成残骸
消失，或者再生

某一天
我在海边的礁石上
捡起了一根羽毛

22年后，学生的同学聚会上少了一个人

她有圆月的脸
笑的眼睛
她死于多年以前的难产

热闹里我双手合十
仿佛我还站在讲台上
而她收拾好书包
走在放学的路上

她带走了自己的苦难
也带走了自己的欢乐
就像一只鸟
带走了自己飞翔的翅膀

一个人在世上最幸福的是有他的影子尾随

出电梯的时候有一个人夹住她的脖子
要她交出身体
走上山坡时背后一个人举起了枪
让他交出灵魂
河流一步步倒退
孩子被种进雪里
他走过洗足房
被黑暗扑倒
——我走在回家的路上
我的影子还一直跟随

萤火虫节

在城市的车流中创造一条溪流
在七彩的灯火中寻觅一角黑暗
青草和玉米都已长高——已到盛夏了
童年和草屋——远去的一切我们极力挽留
这是多么有趣的节日呀
在公园的一角
小小的骚动平复不下来
萤火虫就要被放飞了
我们在诗里写过的萤火虫
它算计着自己飞行的美
在闪亮与熄灭之间有太多的想象
它飞，像计时器那样，闪一下
灭一下
多美，这时间一样的流萤
被人们创造成一个节目
喧闹会打扰它们的表演吗

人类，他们捕捉的手
让光一点点减少
一个小女孩，她伏在溪流上
看见黑暗又重归黑暗
失声痛哭之后
她带着仅剩的流光回到乡村
安静的风托起她的想象
萤火虫还在她的眼睛里闪烁
它们一点点地
飞成光的流线，飞成光的杂乱的网
恍如乡村的
光明的图景

想象着一只狗的一生

在温暖的子宫里
它有着洁白的毛发

在这混浊的尘世
它有清澈的眼睛

它是慈爱的
当它被遗弃

它是勇敢的
当它恐惧

我想象它被虚无的木棍追赶
只能逃回家乡

已故的祖父牵着它
走进了森林

孩子们的远方

当五十一个孩子望着远处
树梢上
一群鸟在低飞
向着远处的山

我的目光紧紧追随
当它们翻过山梁
向着落日的方向
我想象着明天的清晨
它们又会在东边的天空出现

五十一个孩子的天空
被飞鸟的身影挤满
当我回过身来
我看见五十一个孩子的灵魂
正长出翅膀

面条[1]的笑

他是上天派来的
我让他抬腿
那里有一枚梅花的图案
他踢着皮球
穿过豆角和西红柿
在田野上飞奔
全然不知那只是孩子们的小游戏
他的奔跑愤怒，多情
好像会跑到邻村，或者天上
好在他在一棵玫瑰前停住了
他的嘴唇慢慢地靠近
一朵黑色的玫瑰
嘴角突然绽开笑容
哦，在夜风迷路的夜晚

① 面条：一条小狗的名字。

我教他数学
他对浩瀚的星空汪汪地叫着
汪，汪汪，汪汪汪……

一朵朵白云跑
过天空，一直
跑到渤海边

白马镇[1]

——此诗献给吉广海等白马诗人

白马镇来自一部小说
或者一首诗
我合上一本书
一个虚无的小镇
正在大地的褶皱里发光
它以阳光存在
也以清亮的雨水存在
我听青鸟咳嗽
在铺展至远方的
虚无的田野

我听见每个字发出草叶的声音
又发出火的声音

① 白马镇：广西北海市地名。

在白马小镇
我撒开腿开始奔跑
书页在耳边翻动
一个老奶奶提着两壶酒回家
在下一页
变成一个坐在水泥砖上做作业的少女
再下一页
水泥砖建起的小屋
墙壁已经斑驳

穿过黄金村[①]
放学的孩子正走在作业本的横线上
我看到作业本上长出更多事物
正赶着鸭子回家的老爷爷
在风中停止生长的树
回家的诗人
路上睡着的老狗
在河流转弯的地方
我与一只老牛猝然相遇
它抬起头
眼睛里有另一个
起雾的小镇

① 黄金村：广西北流市地名。

我在小镇合上书本
书页停止翻动
白马镇在我眼前
一马平川
在富来酒店六楼
我看到太阳猛然落下
月亮，还在赶来的路上

飞往慕尼黑的航班

先是看到蒙古草原上的云朵
一队一队，排列着
寂寞地移动
它们的影子也排列着
寂寞地移动
啊，这是大地上两支虚无的军队
多么整齐，正赶往一处虚无的战场

接着是西伯利亚无边的寂寞
巨大的无边的寂寞
正一点点地吞噬着
寂寞本身
直到在爱琴海里看到
白鲸出没
我们也一直没遇到黑夜
把黑暗从远处送来

西 餐

我把一个西红柿切了一刀，又切了一刀
把它们一片一片地吃下去
然后把一条小鱼也切成两段
分两口吃下
趁着新的菜还没上之前
我把树的影子也切了几片
把晃过的阳光也切了几片
还有对桌那位裸着肩膀的保加利亚女孩的目光
也切了一片
正准备混合着吃下去
这时一盘烤土豆丝就端上来了

一片树叶

一片树叶在路上奔跑
然后在草尖上停住
接着又被前面另一棵树拦截
现在它在地上弹跳着
越跑越快

一片树叶被台风驱赶着
离开了它在江山半岛的家
它疯狂地蹿过我眼前的马路
被来往的车辆碾压
也不觉得疼痛

一片破烂的树叶来不及和我打个招呼
它就被风吹到茫茫的黑夜里去了

摸乳巷[1]

我们摸摸老街
摸到了摸乳巷
风吹来的都是煎饼的味道

日暮秋风
夕阳从街道上带走了一拨行人
夜色又带来另外的一拨

① 摸乳巷：北海老街巷名。

正阳门小记

天下着雨
我在这里
老树沉着脸
站在雨里
平板车拉着苹果和梨
进入城里
三元及第四个字
镶在石头里
古代的书生
你在哪里
白蝴蝶翩翩
穿过细雨

你在哪里

抗战路

抗战路的桂花很香
散发着浓浓的铁血味
我看见光着脊背的男人在弯腰打铁
米粉店的女人正伏在桌子上鼾睡
老人则晃着脑袋哼着小曲
我在抗战小学上了辆公共汽车
去王城找在出版社工作的楚人

自由路

在东江二路拐了个弯
就是那条三百多米长的自由路了
我在上面走了个来回
迎面吹来
漓江清凉的夜风

磨盘山唱晚

我们在这里看到的漓江
不是往日的漓江
水涨了，它载着落日的光芒流淌
一丛睡莲，一节不肯沉没的枯木
还有翻滚的泥沙
一路追随

太阳还是旧日的太阳
他在云层里倒退
在落下去之前
又把漓江的水照亮
把桂磨大桥和它的影子也一并照亮
最后把天空的鱼鳞云照亮了

我们把垂到水里的竹影提起
仿佛钓起一尾大鱼

仙岛湖志

他们生活在一个很大的湖边
他们的道路都在湖面上
啊，他们不用把船划到天上去
因为白云都跑到了水里

恋人在一棵棵葱茏的大树下
孩子沿着水边的小路蹒跚
他们从这个岛屿向别的岛屿张望
远方遥远而神秘

哦，这里的青草要比别处茂盛一些
星星也显得明亮
沿着湖边行走，云朵倒映在湖水里
寂静要延伸到对面，很远处的山冈

哦，我摇着木船想去其中的一个小岛

口袋里揣着一枚彩色的石头
哦，湖的对面有一个斑驳的村庄
湖对面的山坡上有一朵
就要绽开的野花

在青岛

我坐在一辆大巴上
大巴在胶东半岛上走走停停
窗外寒冷，玻璃窗上附着水汽
但过一会儿，又被阳光晒干
目光尽头，梧桐叶将要落尽
露出美好的形状
荒草悉数枯黄，这一年就要过去了
我路过教堂，听到钟声响起
是黑夜降临，是海水扑在沙滩上
不想退回到海里

烟　台

你有一棵棵梧桐，被风吹弯
从青岛到烟台，一直到威海
秋天被风吹得更空，视野一片衰黄
你有阳光照着这个下午
使苦难变得轻逸
你有一朵朵白云跑过天空
一直跑到渤海边
你的情人在渤海的对面
在大连

在烟台

这地方，你和梧桐都把它当作家
在春天，阳光嫩黄地挤满目光
秋天则全部飘落在地上
被风吹，沿着午夜街道疾走
你的头发飘散着惆怅
离开的季节
船靠在岸边，空荡荡的
下个季节，冷风要来
雪要来，却没有人要来

风只能迎面吹

这一年的最后一天
走在桃花江边的小道上
前面是古村和欲开的花
发红的乌桕树
默默的流水
走过斑驳的土墙
像要走进一个新的时代
风只能迎面吹着

一阵风吹过郊区

郊区有些冷，市区更冷
先是一阵雨
下到西山，下到木龙湖边的石塔
突然就不下了
寒冷继续，像风中抖动的树叶
水不想再回到天上，就全部躲进湖里
有的附在屋里的地板和墙上
一阵风从北边来，本来想穿过市中心
本来想看看春天的那棵老树
是不是开始发芽
是不是有一阵飞鸟
飞到天空，变成一大团的乌云
但它只吹到尧山，就被一棵大树拦住了
剩下的一小股则绕过市区
沿着高速公路吹到苏桥镇
吹进一阵夜色里

洛川的苹果

在洛川
每一个脸红的苹果都有一片树叶遮着
当树叶落尽的时候
它们只好大笑起来

百岱底，或者海洋乡的银杏

我敲门
那扇木门紧闭
屋里有人

他犹豫什么
风已经很凉了
门上掠过一只
飞鸟的影子

假如他打开门
看着满地的落叶
和辽远的天空

空空的枝条上
有一首诗

普吉岛

我把衣服晒在阳光下
它收藏了普吉岛的阳光
我把它晒在月亮下
它收藏了普吉岛的月光
我把它晒在海滩上
它收藏了普吉岛的海风
我穿着它穿过夜色回到家
在阳台上
我看到它晃动
一如远在他乡

普吉岛的蜥蜴

一只一米长的蜥蜴从屋后爬过来
沿着屋边的小路
张望
爬行
一会儿它爬到了海边
向着远处张望
这个自我流放的王
在岁月中把自己养得巨大
它还有着
自己的远方

普吉岛的诗

我捡到的这片树叶
是普吉岛上的一首诗
我看到的爬过小屋到海边去的蜥蜴
是另一首

普吉岛的海浪

在普吉岛
海浪的声音总是从四面包围上来
包围一块礁石
包围一座小屋
包围一棵老树
包围所有的人
我看到自己赤裸的灵魂像一片树叶
在海风和海浪声中
战栗，像一只海鸥
挣扎着
向着天空和远处
飞去

皇帝岛的浪花（一）

只有礁石知道
昨晚退去的海水
就是今天涨潮回来的海水
它热烈，深情
总是奋不顾身地
哗的一声拥上来
把它拥抱
这是昨天海水离开时
在一步三回头中
许下的
今天的相见

皇帝岛的浪花（二）

这些浪花来自地狱
还是充满乌云的天空
在皇帝岛海滩
我看见它们躬身前行
像潜伏的军队
然后突然站起来
扑向一块块礁石
我看见粉碎后重新聚起的力量
把快船抛向天空
又伸出手接回
死亡或者再生
总是一气呵成
这个清晨
在大海中
我试图学一匹海浪奔跑
愤怒地呼喊

把灵魂抛向浪尖
又在涛声中
折回肉身
看着远处的海鸟
飞得一远再远
不再回来

庆云手记

早上起来的一阵风
去了一趟河北
又回到山东
遇到堵车
就坐在一棵老枣树上
小憩

鄂尔多斯笔记（组诗）

鄂托克的风

风吹着草原上的石头
石头在移动
一个夜晚跑出二百多公里
跑到我的眼前

风吹着时间里的铁蹄
在版图上扩散
吹着马背上的人，白发飘飘
又吹动着经卷
吹白草原的花
吹着石头堆起的敖包

漫天的青草已掩埋了
所有的疆场
天空托起皎洁的月亮

风吹着寂灭
也吹着再生

在乌兰镇

乌云压得再低一些
刚好压到乌兰镇的屋檐
压到有着黑鸟降临的草原
乌云把自己压得喘不过气来
把草原压成一道闪电
和滚动的雷鸣

我把旅途的疲惫收拾好
推开窗，看到惊人的一幕
鼠兔在四处流窜
草原深处的巢穴
安放着卑微的灵魂

乌云压得再低，再低
一匹默默站立的马
突然抬起了它的前蹄

我们在草原上跳起来了

之前草原上的兔鼠跳过
之前山谷里站立的狼跳过
之前开着花的植物跳过
之前拐弯的河流也尝试着跳起来
现在我们也要跳起来了

首先得放低自己
屏住呼吸
仿佛自己在这空旷的草原上
突然长出一双会飞的翅膀

在鄂尔多斯广场

这是青草围成的广场
这是牛羊围成的广场
这是阳光和雨水围成的广场
在车水马龙的街头
为什么我听到的是
奔马的嘶鸣
而不是灯光的寂静

多么宽阔
闭上眼睛
感觉自己正站在一部秘史中

我的心里万马奔腾
睁开眼睛
雨水正清洗着眼前的绿树
和远处闪烁的LED屏幕
林立的楼群和奔跑的马群
总是交替出现
像是灵魂正在时间里重叠
又显出了它的身影

风的订制，或者写给草原的诗

我接受风的订制，给草原写一首诗
一首可以柔软地吹拂在脸上的诗
“你也会给我写一首吗？另外的一首。”
你说，像牛羊一样可以在草原上奔跑的诗
你的脸上有那年七月的阳光
我会给你的眼睛写一首
一首像湖水那样闪烁的诗
看着大地正一点点地吞食落日
即便如此，我也不会给你写一首
黯淡的诗
因为，所有的诗在夜里
都会发芽
特别是在露水渐重的时候
我会给你的睡眠写一首

轻轻飞翔的诗
轻轻地，轻轻地降临在草尖上
阳光就要回来了
露水里有一首
阳光的诗

我还会给你写那些看不见的美
风吹着青草，在你的身后
草原呈现出你喜欢的美
我会给你写一首好听的诗
像南方，雨打着芭蕉
又洒进清亮的水塘
我给你写一首可以一直唱的诗
给你心中的寺院，给阳光中的羊群
给玛尼石堆
给你曾经踌躇的一个下午
写离别和归来，写你曾生活的城市
宽阔，无际，被青草包围
它们就是你的世界的诗
爱，悲伤和悲悯的诗
每一首都隐隐地
暗含着春天的期待

毛洲岛

冬瓜在长
丝瓜也在长
谁也不抢谁的呼吸
除了两棵相近的西红柿

哦，雨水平均分配给
每棵植物
阳光也是
从南瓜地到玉米地
从龙眼树到黄皮果树
只有风
自由地穿梭

早起的船要走
带走城里匆忙的客人
只留下阳光

串了小鸡的门
又串了小狗的
留下相爱的西红柿
再次为阳光
吵红了脸

无编号农院

这个岛的每样东西
都有一个编号

阳光是一号
黄皮果是二号
丝瓜、冬瓜、南瓜、茄子
龙眼、豆角、空心菜依次
鸭子和小狗的编号混了
地下的蚯蚓的编号是一串负数
院子一家接着一家
散步在这个小岛上
唯独这个农家小院
还没有编号

这家的农妇去码头接我
她有红脸膛

沾着草汁的碎花衣裳
还有两个女儿和一个外孙子
丈夫喜欢就着烤鱼喝米酒
天黑下来了
农家院的灯光都掩没在
果林和竹林里
道路消失在去往别家院子的途中
农妇的女儿
一个给我炒了碟红薯叶
另一个给我炒了碟豆角
而我
砰的一声打开啤酒瓶
飞蛾绕着灯光在飞
农妇的外孙用嘴巴噗噗地喷着口水
并吐着泡沫

而这个农家小院
从此以后叫香樟屋
或者其他

在毛洲岛的午睡

在毛洲岛午睡
风会把你轻轻抬走
躲在地角的蒲公英是它的同谋
她们撑着白色的伞
从韭菜和豆角的地边经过
把你抬到比丝瓜更高的地方
才会放下来

在毛洲岛的午睡那么轻
好像没有什么比它更轻的了
重的东西都埋在那些果树下
但有一天它们也会发芽
但有一天它们也会自己醒来
发现自己在一个很轻的梦里
被风和蒲公英抬着
去到一个更高的地方

知了和蝴蝶

耐不住寂寞的开始唱歌
高音低调，曲折反复
倘若风也收住奔跑的脚步
它的声音就能渐渐覆盖
这中午的小岛了

耐得住寂寞的则摒住呼吸
收拢翅膀于一片草叶上
然后打开
把自己从风中提起
放入一朵花的午睡里
不会打扰近旁
茄子和西瓜的睡眠

坡纳村

绕过村庄的河流避开俗世
人间的蝴蝶在野花里迷路
她在寻找芳香的路径
鹅在田里觅食
抬头寻找另外的一只
爱由飞过的白鹭说出
回答它的是河里清亮的影子
后山的路去往僻静的去处
它通往草叶上的一滴露珠
那里有另外的一个世界
蜘蛛学岁月结网
一圈一圈，落在上面的不是灰尘
也不是小虫
而是故事中的虚无
我学山里的一棵芦苇

向着南方张望，想念
直到头发被秋风吹白
直到腰身被雨水淋湿

凌云五章（组诗）

在浩坤湖

现在的江湖
跟以前的不同
没有恩怨和仇杀
有时候我们到江湖去
正是为了远离恩怨和仇杀
因此我们对江湖的要求
就是要它纯净
无杂质

在浩坤湖
水是有故事的
碧绿的湖水
它掩映的江山
是以前的江山
也是今日的

载过书生的船
也载着我们

他们走了
我们来了

我们离开
好像不曾来过

在茶山

茶田垒起的塔
必须高
高到云雾里
和云雾相爱
必须绿
从嫩黄到深沉
必须超凡脱俗
用时光和清水
做风雨的知音
必须舒展
必须自由
必须有与之相应的心情
必须爱

在文庙

荷塘中间的这条路
走过的人走过去了
就没有回来
荷塘的景色就如一个
残败的家庭

还有更多的人走过来
还有更多的荷花来年会开
映日的荷花依旧
别样红

水源洞的云雾

有时候它是直直地飘出去的
像一条白色的道路
有时候则沿着洞壁曲折地爬着
爬出洞外
然后再爬上高高的天空
变成云朵

我看菩萨
他微闭着眼睛
我心里有话
却什么都没说

泗水河

必须有芦苇
必须有河岸的青草
必须有浣衣的石头
必须有嬉水的少年
必须有潺潺的流水
必须有飘散的雾

我沿着泗水河行走，寻觅
仿佛每一条河流
都通向故乡

去沿江看一朵恰好在春天开放的花（组诗）

在沿江

春风十里
吹到这里被抬高了
乌江则还要向东北一百里
直到遇上桃李盛开的村庄

把天空清扫
把百万吨的乌云搬走
给桃花和李花腾出更多的舞台
在这里上演一出白衣胜雪的故事
诗人的心里种过的荆棘
都开成了现世的花朵
在午后的沿河
台阶上走来粉红的新娘
背后跟着一个白雪茫茫的世界

在南庄

栈道沿着河谷蜿蜒
必然有一种高低起伏的美
穿行在李子树下
缤纷的的李花飘落如梦
今天，白色是最美的颜色
桃花粉红的脸躲在远处
而我一身的黑
配不上李花缤纷的白
在望江亭
我望江山和流水
望着熙熙攘攘的小镇
春风正把桃花抬上花轿
穿过热闹的人间

在思渠镇

我一定错过了什么了
我错过了美
还是死亡
眼前这白茫茫的湖水
眼前这耀眼的油菜花
眼前这迷失的鸟鸣
在白雪飘落的衣襟上
我一定错过了爱情

风吹进骨头的缝隙
眼前是白茫茫的水
和繁华的季节
内心里却忍着
痛疼和别离

去往荷花的家（组诗）

美　好

认识一个人
想给她很多雨水
让她开成荷花

它的白色，没有什么可以打扰

我总是想从那些风景中抽掉人
抽掉拥挤、喧闹
就像荷塘
抽掉下午的烦热
只留下蜻蜓
只留下风
让荷花慢慢地开
没什么可以打扰

我没有提到阳光

这个下午
荷塘里会有行人
一个，两个，三个
沿着栈道慢慢地走
最后都从荷叶间消失
而荷塘里的花
却变得拥挤起来

故　事

死亡就是一张脸变成白色
我想象一朵花的血已经流尽
我时常想起它
失血的脸
就像我们孤独的灵魂

荷花的门虚掩着

我的双手合十
轻轻说，开门
荷花的门虚掩着
覃塘的下午笼罩着一层梦境
小院往水边的路湿漉漉的
好像有谁刚从水里上来

走过塘边的小路
来到小院的门前

荷花客栈

穿过覃塘的夜色
在风中坐下来
想象自己正把身体打开
让风进来
让蛙鸣进来
让月光进来
想象自己正坐在荷叶上
想象自己成了月光中
一座水上的房子

月下即景

覃塘的月光
比别处白
比别处明亮
入夜，荷花已梳妆打扮完毕
我从客栈的窗口往下望
看见赶路的人都停了下来
驻足水边
我认出当中那个穿着青衣的人

他沿着长满青草的小路向前
来到荷塘的深处
和一朵白色的荷花跳舞
在他转身的时候
月光照亮了他
背上一把冰冷的剑

听荷花唱歌

所有的声音都睡去了吗
所有的声音

连同轻微的呼吸也睡去了吗
轻微的呼吸

连同震颤的灵魂也平息了吗
震颤的灵魂

请听有什么在水上唱歌
请听

荷花辞

在天堂的入口
有人两手空空
有人手执荷花
带着尘世的余香

南丹组诗（七首）

在龙马村，给每一棵茶树命名

在龙马村
每一棵茶树都应该有自己的名字
它们叫阳光，叫虫鸣，叫雨水
叫弥漫的雾
也叫一位名叫那燕的妹子的名字
你在蜿蜒的小道上遇见它们
你要叫出它们的名字：春风，春风……
像叫着山里的亲人

在丹炉山遇不语者

你见过风笑吗？
你见雨笑吗？
你见过松树和白云笑吗？
在这里

我收回耳朵
听见自己的呼吸
我收回眼睛
看见自己的内心
你说
你怎么做到让自己不动心呢
你说，你笑起来真好看

在丹炉山称仙

背靠一块山崖
端坐在一块石头上
你能放下肉身吗
我转世轮回
把自己折叠成
一座山
一朵白云
一棵树和一只蝴蝶

炼　丹

炼丹炉的火早就熄灭了
我探了探炉口
还有微微的温度
丹是朱砂还是一颗静息的心？

我的肉身被风吹拂
像一棵山里的小树
它晃了晃
又静止下来
临别时我又摸摸炼丹炉
那几百年的石砖此时很烫
是太阳一直在炼丹
是太阳

在洞天酒海

把酒藏进岩洞里
就像把月光藏进石头，藏进传说
酒会越来越香
成为时间的一部分

那些喝酒的人呢
打开酒坛的人会说
这是一块稻田的味道
这是一条溪流的味道
这是一滴雨水的味道
它们从陶罐里冲出来
在你的舌尖上游荡
岩石的清冽和火的滚烫
交织在一起

而我会在酒杯碰在一起的声音中睡去
在被鸟语惊醒的早晨
我的灵魂会变成一棵树吗
我回望的半生
长满了森林

杨州村

在杨州村
白云在赶路
青色的鸟也在赶路
一支队伍走过了小桥
而你留了下来
成为水溶洞的一朵野花

我来到这里
看一群鸭子走过小桥
看岩洞里的流水
绕过村庄流淌
变成了曲子
我放慢脚步
害怕惊扰一朵
摇曳的野花

在歌娅思谷

住到这里
就像住到童年
泥屋子还在
池塘和捉过的蟋蟀、蜻蜓也在
阳光把白云照得发亮
天蓝得让人发慌
我还是趁着夜色还没降临就离开了
满天的星斗
会让我想起远去的人
夜晚的虫鸣
总是在乡村的某处
叫着我的小名

好想在人群里
抱住一棵树

想　象

儿子是一台机器
他有些软
背着沉重的书包
妻子是另一台
早上打开门
她像个轮子
从家滚到单位
并爬上楼

早上他抻腿躺在床上
在阳光里做梦
早上他看见自己向前奔驰着
却刹也刹不住
直到撞进阳光里
变成一堆碎片
闪着冷峻的光芒

小白兔

我是你画下的
在草地上吃着青草
你还在我唇边添了微笑
在天空涂了朵大白云
好白的云啊
你正想着自己站在远处
望着白云，看着我
然后在草地上写下几个字：
黄小瞧，五岁作

无名的上午

那个上午不应该有电话
不应该有短信和其他信息
那个上午最好就是在车上
车前往一个昏昏欲睡的城市
那个上午不应该有想念
许多人在上班的路上呢
那个上午应该是平淡的
就像人
也应该淡如菊花
但那个上午成了南腔和北调
成了心辕和意马
而我也以一百码的时速
正南辕北辙
小心地避让着车辆
那个上午多么平常
只因它是早春的一个上午

因此值得铭记
因此成了墙上的一道刀痕
心里的隐痛
多么漫长的上午，我靠在椅背上
目光紧紧地盯着前方
虎门大桥就这样过去了
长安镇也过去了
我闭上眼睛想了一会儿
就连这个上午也过去了

外一首

我写了一首
有意隐藏了另一首
我向你说明原因和过程
却忽略了结果
就像有一天
屋外下雨
我们在屋里聊天
聊着聊着
雨不知什么时候就停了
而我们却没有觉察

离 年

那年我驱车经午门向南，再向东，至玄巷，停了一会儿，回过头
我给你写信，问你该掉头还是继续往南。此后经年
我们的分离长成了两棵树，一棵位离，一棵于坎，似乎再也不能相聚
壬辰年我从玄巷向西，经午门向北，至我们分开的地点
我看见我们的分离已在时间里长成拥抱
一个人高，叶刚长齐，远远地看像两团浓得化不开的影子
偶尔听到鸟鸣
也不知来自过去，还是此刻。前生或者后世

情侣衫

你知道
这衣服是一样的

只是有一件穿在他身上
有一件
穿在了你的身上

你也知道
有些衣服，分开了就分开了
就再也找不回来了

亲[1]

我们去过这里那里
我们见过这人那人

整个夏天
阳光晒着沙子
我们的心发烫
坐在有阴影的地方
我们和同一个人说话
交换过相同的眼神
亲，后来雨一直下个不停
目光尽头的两棵树
正站在一起淋雨
而我们却来不及相识
成为朋友

---

① 亲：网络流行语。

或者其他

……

亲

出站口

榕树下的姑娘紧咬着嘴唇
我不像她
在等一个负心的人

风吹着树叶
像吹动时间
金黄的标签

风也把我吹得苍老
直到迎面涌出
彩色的人群

致旅人

似乎那黑暗的日子就要过去了
我换掉朽烂的床板
搬走陈年的椅子
把瓦片上的树叶清理干净
斑驳的墙经过多年的风雨
也粉刷了一下
门前的小路除去荒草
屋后的树木修去枯枝
亲爱的
我半个下午的劳动
就是把心里这空置多年的屋间腾出来
把面向田野的窗擦拭干净
我在这里能看见你从远方走来
你从这里也能看见远方

真爱旅馆

用春光围一座房屋
这是真爱者的旅馆
星星的屋顶永不熄灭
清风的服务员每天打扫
大海趁着月光歌唱
海滩空无一人
爱的足迹总是为时光珍藏

向外的窗户是你的眼睛
有着睫毛的栅栏
向内是一片大海
有着美丽的潮汐
海鸟飞行的尽头
真爱旅馆还没有住客
却永远不会打烊

樟树的围墙
星光的屋顶
清风的服务员
阳光的木马就要到来
这是真爱者的旅馆

雨夜寄北

故事开始的地方
是一场大雨
你带伞了吗

另一场大雨
我在黑暗里倾听
汽车辗过窗外积水的声音

你的呼吸被雨声淹没
雨太大了
我的呼吸也被雨声淹没

说一个梦吧
我梦见自己在一座桥上等你
雨淹没了桥之外的风景

快来看月亮
它也被雨水淋湿了

快来看

我沿着山路行走

夏天是一只老虎，而秋天
是一匹狼
有时候它会掐住你爱的人的影子
让她咳嗽

我沿着山路行走
迎面是一阵猛烈的风
而我踉跄的身影却满是
对爱的祝福

你在干吗

你在干吗
我在人群里走路
你在干吗
我想变成一片树叶
在天上飞
你在干吗
我想到你的身体里
住几天
你在干吗
我正在你身体朝南的方向
开一扇窗
你在干吗
我想从那窗口跳出去
在草地上玩一会儿

冬 至

我愿一片树叶落下来
在空中停住
我愿一朵雪飘落
也在空中停住
我愿带着你消息的鸟儿
刚好出现在天空
再也不会飞走
天有多冷
就让那冷也停住吧
结成一大块冰
再也不会融化
一朵花再也不会开了
如果开，它就会有结果
我坐在寒冷里
想你，想冬天
我想所有的这一切

都在那里停住
凝成一幅画
银装素裹，散发着寒冷的芬芳
他们把这冷叫冬至
这一生的温暖
正从远处回来

给面条[1]的一封信

亲爱的面条，你好
自你别后
甚是想念
有时候我会一个人在田野上走着
像丢了魂
有时候会带上风
它调皮地吹着我的头发，还有衣服
夹竹桃树长高了
倘若你回来，还能认出它
有一阵我咳得厉害
咬着牙才能忍住
去年没写完的故事
今年看来也没续写的必要了
九月后天气会转凉

① 面条：一条小狗的名字。

到时候你会回来吗
倘若还没有你的消息
我会亲自找来
那时候你要备上绳索
我要牵着你
到附近村庄走走
此致
夏安

好想在人群里抱住一棵树

每次路过
好想抱住你
好想体会一种在人群中
抱住一棵树的感觉
要等到战争爆发吗？
要等到风暴来临吗？
要借助灾难的力量
我才会有一种在命运中
抱住你的感觉吗？

“我将分身众人”[①]

也可以说
你把一棵树当作兄弟
把小路当作那匹
驮你回家的马
当风迎面吹来
抱抱它
冰冷中也许隐藏着
没散尽的温度
“我将分身众人。”
你要小心了
那些伤害过你最深的
在奔跑中砸中你双腿的石头
突然涌上你海滩的浪
最后熄灭的火焰

① 我将分身众人：阿拉伯诗人阿尔瓦·本·瓦尔德的诗句。

黑暗尽头突然亮起
让你瞎了双眼的光
才是最爱你的
灵魂

虚无故事集

穿墙卡

她拿着一张卡片向前走去
道路阴暗
月亮从树影里透出一点点亮光
她缩紧自己，让影子显得更瘦长一些
必要时她还踮起脚尖
努力让自己看到远处
更多的树的阴影
更多的隐喻和曲折
更多的风，似乎从空气的隙缝吹来
她拿起卡片
对着围墙上的一块古砖
只一会儿她就穿过墙壁
长成了院墙外面的
一棵小树

虚无的旅馆

世界上所有行程的终点
都有一个虚无的旅馆

覆盖着落叶的屋顶
飘落着雪的庭院
点着一盏孤独的灯

在你最孤独的时候出现
在你欢乐和悲伤的时候出现
在你觉得生命变得寂静的时候
上帝为你准备了一间
小客房

没有经书
所有的花已开
却又有嫩芽长出来

一张虚无的桌子上
一个真实的时钟
在嘀嗒地走着

虚无的酒馆

世界上最精通食物的人
在世界上的某处
开了一个虚无的酒馆

看他的心情
每天的菜谱
出现在世界各处
真实的餐桌上
喜欢看美味融化在
人们的舌尖上
他每天也要喝上
二两小酒
用一个陶瓷小杯
盛着

当他举杯

月亮正圆
当他放下
睡眠正从东向西
向梦境漫延

当他在清晨打开
酒馆的门
门外的空地上
一朵素净的花
正在盛开

虚无的诗人

我想象着他的样子
飘逸的长发
狭窄的额头
被万事万物清洗过的眼睛
看着我面对着白纸发呆
他不由得抓住我的笔
在纸上写下
几行文字

比如这几行：
当星辰落进
夜的酒杯
一盏孤独的街灯
亮了起来

虚无的爱情

荒野里的一块石头
白天因洒满阳光而温暖
夜里因落满月光而薄凉

一只小动物在奔跑
从白天跑进了深夜

而深夜凝结在草尖的露水
映照着初升的太阳

白天与黑夜的距离
阳光与月亮的爱

虚无的百科全书

他所写下的一切
都是新生

所有的新生
都重新命名

风的晶莹
就是雨

花开过后
就是天空

镜中的脸
就是真实

一直向东

就是西

一直的爱
就是死亡

一生的持续写作
让他
活成了一本虚无的
百科全书

故事的结局

我很想很想
给所有的故事写一个结局

风吹着荒野
有一朵花已盛开

我走在路上
突然回头
道路上空无一人
山上的坟却不知什么时候
多了起来

已好久没有人间的消息

虚无的等待

白云从我眼睛里的湖面上飘走
垂下的杨柳
用双手拢起自己的长发
风在湖面上推着波光
我在芦苇渐白的渡口
等船

一艘虚无的木船
静静地划过
我听到真实的水响

夕阳拖着那破烂的木船
一点点地退出
黄昏的画面

天气或心情

下午的某个时辰
冷空气显出了它清晰的面孔
它长着枯黄的眼睛
长长的青草一样的睫毛
挂着一滴露水
阳光从所有的地方都撤走了
它拱起了腰
从山上下来

此时有人在林子里砍树
白色的血淌了一地
山谷里的小草们都仰起了头
它们看着一棵大树轰然倒地
声音从它的身上逃出来
藏到了周围的其他树身上

喝可乐的女孩

在肯德基餐厅
她在使劲地喝一杯可乐
吸管发出咕噜的声音
通过吸管
她把杯子和桌子都吸了进去
我看见她悬在半空
地板和桌子已不复存在

我们写给风的诗

你试着解释风
她的粗暴和温柔

我张开翅膀
俯冲和飞行
借助风

你试着赋予她意义
比如爱情和思念

我跟在她后面
看着她拐过小路
好像去寻找什么
在长长的草坡上
另一阵风抱着她的脖子
从山坡上翻滚下来

你是否伸出舌头
舔舔她微甜的舌头
咬她和踢她
像你爱她一样？

我躲在一棵树的后面
看她沿着小巷不断地走着
惊慌失措

你站在路口
企图制止鲁莽的风
但没有谁能制止风
除非她累了
停在一片树叶上

而那片树叶刚好
就在我的窗外
很多时候
我爱上风的静止

一棵叫布劳提根[1]的树

一棵名叫布劳提根的树
不知道与他母亲做爱的那个男人
是一个修道工，还是魔术师
他一出生就由母亲带着，有时候还有风
唯一的一次他遇上父亲
那次在停车场，他给了他五十美分
但他并不知道那是他父亲

他用打字机，与海明威争吵
出版一本只有一首诗的诗集
把八首诗和八粒花卉、蔬菜的种子
种到地里
如果今日你去旧金山
你仍能看见它们，在地里长得葱茏

① 布劳提根：即理查德·布劳提根，美国诗人、小说家。

他这样营造自己的死亡
在脑门上，架一管大口径左轮手枪
放上音乐，以掩盖一声绝望的枪响
从枪口到头颅之间，子弹在呼啸
音乐瞬间的停顿让他获得安宁
时间静下来后，他开始变成液体
一部分浸入地下
牢牢地在地板上绘出一个人的形状
一部分流向不远处的圣弗朗西斯科湾
不再回头
不能流走的都是他丢弃的：
手、下颚骨、曾被封存的一首首诗
最后都不知所终

无名氏[1]

在禁止喜欢鲜花的年代
无名氏藏了一台收音机
收听星语
一朵花，仅因为花的美
让他克制了对时代的恐惧
最低的星语
最昏暗角落里的绽放
最终都被流放和死亡
他带着一把刀爬上山顶
野杜鹃带着被遗忘的愤怒绽放
他倚着树睡去
醒来已是另一个时代

① 无名氏：本名卜宁、卜宝南，又名卜乃夫，当代小说家。

补鞋者说

我干活的时候
总有一朵云的影子落在我的身上
我穿着线，把它缝进一个人的鞋子里
那个人穿上鞋子时
他的步履变得沉重
那是因为他一直拖着一朵云的影子
我抬起头
大街上每个人像被一只手安放在了一个棋盘上
他们奋力向前
却不知道很多东西已命中注定
我一生不敢再抬高脑袋
除了要埋头干活
我不敢看高高在上的那个人
他的目光看着我
似乎也忽略了我

发现地道的老人

有一条通道可以直接去到地下
发现这个秘密时他已经老了
生活在一片生长着玉米和桑叶的土地上
生活在一棵树的下面
生活在一条河流的旁边
跟生活在地下有什么区别呢？
他思考着要不要也到地下去
地下也有一个小小的酒馆吗？
酒馆的窗前也有一个老女人
独自喝酒吗？
为什么不抬头看一眼天空？他想
他看见从不抬头的人，正一个接一个地排队
走到地下去

看见天空的人

她在屋顶翻晒着白云
那一朵朵白云像灵魂那样
散发着栀子花的香味

她看见天边最明亮的星星
也看见一颗颗黯淡无助的星星
它们把光洒在她的身上
她忍不住放声大哭

我一觉醒来
看见了对面楼上的她
也忍不住放声大哭

铁　匠

他把锄头打成了一把刀
这多么让人害怕啊
他把一把刀打造成犁头
野草纷纷躲闪
他又把犁头打成一个钟
送给村前那所小学
它每天总是被老师敲响
好多次
他在打铁的间歇
听到了那钟声

河流的伤口

我看见河流被划开
一条鱼，正举着它的刀
用乌黑的身影剖开了水里的白云

一生与河流为敌
为何又隐身水里
我听见哗哗的水响
既是一种悲悯
又是一种原谅

我有一枚导弹要发射

零点一过
我就说，开始了
你会问我什么开始了
我有一枚导弹要发射

架子是已搭好了
几根树枝一根藤条
还有一枚晒干的火柴
三，二，一
我在心里说
我要发射的是一朵花
我要趁着新鲜
连同夜里的露珠
把它发射到
谁的阳台

气　球

有谁看见
在深夜里
他牵着自己的一颗心
在奔跑

灰色的天空
蓝色的人
粉红色的心

夜　跑

跑在路上
听到身后的脚步声
回过头去
看见一棵小树在跟着跑
看见一小片树林在跟着跑
仔细看
医院那幢大楼也在跟着
慢慢地跑

我从未想过自己是一阵风

我从未想过自己是一阵风
去吹拂那些喜爱的事物
从一个个人的身体穿过去
到他们的身后
爬上一棵树
摇动开始变红的树叶
和整片的树林

像回家的人
沿着漆黑的街道寻找
还亮着灯的窗户
也许永远没有归宿
一阵风，大地是家
摇晃的鸟巢也是家
窗户上的风铃
寺院里的钟

哦，一个空荡荡的灵魂
流浪经过世间所有的路口
余生的某一天，我会转过身
从大海上归来
朝着海岸线，朝着唯一的陆地
远远地奔去
沿路碰撞，摧毁所有
深爱之物
死于无名的山丘

那是死以后的光景了：
我变成树叶
变成野花
在寂寞的时候
兀自摇曳

天使要不要关心人类

把白云晒满天空之后
天使们坐在最大的一朵白云上闲聊
无非是
太阳升起，又落下去
然后是月亮，带着声音
升上来
无非是
看着乌云变成雨
淋透那些，可怜的人
看着一个人在黄昏的时候
游过眼前的河流
而其中
靠近乌云的那一位
我注意到她的眼睛
莫名其妙地
红了

大楼人

他们开始浇灌
我的身体
我屏住呼吸，身体
变得僵硬，变成
方形，像一幢楼那样
站在路口

不能再跟你玩一种
追逐的游戏
在风消失的日子
你抬头
看见一扇有灯光的窗

日 记

在三亚海棠湾
我思忖着怎么吃掉一条鲸鱼
阳光多么凶猛
它窜上餐桌
把海水甩到我的脸上

后 记

1.起初的时候，人们说起诗歌，都说它是有光的。又说那光藏在万事万物里，藏在人的皮肤和骨头里，需要用手去触摸。于是就有了光，于是万物开始生长。

2.诗歌是诗人与世界的相遇。诗人用自己的身体和内心体验这个世界，并通过感悟重现了一个混合着世间万物和内心的世界。诗歌是诗人的内心与世界的合体。当我们注视这个世界，其实是注视着我们的内心。诗歌即世界，世界即我。

3.开始的时候我们以为诗歌是一种治愈，治愈童年和成长的创伤，填补情感和失去的空缺，后来我们才发现诗歌是一种病毒，它浸入我们的身体和五脏六腑，浸入我们的血液，成为我们身体的一部分。当我们成长，它也会在我们体内成长。被诗歌附体后，我们用被诗歌浸入的眼睛看世界，用被诗歌浸入的皮肤感受世界的温度，用被诗歌浸入的大脑思考。诗人的生活，是一种不断虚拟的向内的精神生活。

4. 诗即一种变态。如果诗歌等同于常态，同等于现实，写诗的意义又何在?

5. 诗歌教育就像鼓励森林里的一棵棵树出走。开始的时候每棵树都将信将疑，但还是有树先试着抬起了脚。当一棵树抬起自己的脚，诗歌就开始了。

6. 所以并没有天才。如果有，不过是诗人用毕生的写作，不断地激活自己的感受和领悟的能力，让自己一点点逼近天才。

7. 诗歌不断地改造诗人，也试图改造读者。但诗歌对麻木的读者是无效的，真正的读者其实也是一位诗人。

8. 在阅读中，突然有一句诗从语言的表层穿透出来，刺痛你，引起你的情感共鸣，或者突然让你明白了某种秘密，这就是诗眼。诗的面孔千姿百态，一个诗眼，往往会使一首诗变得清晰、明确。

9. 不过，好的诗歌，整体就是一只诗眼，即诗歌就是生活的比喻，或者隐喻。这就是诗歌的意义所在。

10. 不一定有什么发生，诗人往往无中生有。即便无中生有，也需要一个出发点，这就是身体和情感。

11. 注视那个被千万人写过的月亮，它也是你的月亮。每一个月亮都是新的，每一首诗也是。

12. 诗人爱这个世界，诗人小安说“让它像爱一样到来”，在人群中，诗人的眼睛总是闪过一缕发现的喜悦。当然，也闪过愤怒和悲伤。因为无奈，诗人可能会变成一个越来越沉默的人，但诗歌会泄露他的一切。在血肉粘连的文字里，你会看到最真实的那个人。

13. 摒住呼吸，我们会听见诗人的心跳。

14. 真正的诗歌写作应该是中年写作。智力和情感平衡。发现世界与我们内心之间的秘密，却不说破。

15. 诗歌是自由的。想象力就是它的边界。诗人通过写作，不断拓展它的边界，那是一个无限的时间和空间。诗人在他时间和空间里舞蹈，向下挖掘或向上飞行。当他挖掘，他是滞重的；当他飞行，他是轻盈向上的。诗人可以是一只昆虫、一条小鱼，也可以是猛禽和大象。诗人在自己的世界里营建房屋、爱情甚至战争，最终又平息它们。诗人也像一艘宇宙飞船，带着人们向一个未知的领域飞行。

16. 我感觉自己每一天都在变老。白发、眼袋和皱纹成了年龄的特征，也许有一天还会走路蹒跚，目光呆滞。但从变老开始，我听见寂静，看见虚无。寂静和虚无就是永恒的时间和生命。

17. 当米沃什写作《礼物》时，人生的所有沟壑都已被填平，诗人直起腰，看见忍冬花、蜂鸟、大海和帆船，皆是幸福。

18. 落日是地球的最后一首诗，它一步步地退出人类的天空，黑暗会突然涌来。

那明天的太阳呢？

2021年7月31日于宜州